Voici l'histoire
de Frère Lapin,

de Frère Renard

et d'un mûrier sauvage épineux.

Frère Lapin et Frère Renard étaient ennemis.

Un jour, Frère Renard tendit un piège.

Claaac ! fit le piège.

Frère Lapin se tortilla…

encore et encore…

mais rien
à faire !

« Tu es pris ! gronda Frère Renard.

Maintenant, je vais te dévorer tout cru !

– Dépêche-toi !
dit Frère Lapin.

– Tu veux que je te mange ? demanda Frère Renard.

– Oh oui ! dit Frère Lapin.
Fais-moi sauter à la poêle,

fais-
moi
bouillir,

mange-moi
en pâté !

Mais s'il te plaît…

ne me jette pas dans
le mûrier sauvage ! »

Frère Renard sourit méchamment.

Il saisit Frère Lapin.

Puis il le lança
dans les airs.

Frère Lapin atterrit...

en plein milieu du
mûrier sauvage.

Frère Lapin
éclata de rire.

Il s'enfonça dans le buisson sombre et épineux.

Frère Renard était furieux.

Il ne pouvait pas
attraper Frère Lapin.

JEUX

Jeu nº 1

Mets les images dans le bon ordre.

A

B

C

D

E

F

Jeu n° 2

Choisis la phrase qui convient à chaque image.

A

B

Jeu n° 3

Cherche les différences entre ces deux images.

Il y en a six
à trouver.

Jeu n° 4

Trouve ces choses dans l'image :

des oiseaux   un lapin

une chenille   un renard

un mûrier sauvage

Réponses

Jeu n° 1

D

F

A

B

E

C

Jeu n° 2

A

« Je suis en colère. »

B

« Nous sommes ennemis. »

Jeu n° 3

Jeu n° 4

À propos de l'histoire

Au XIXe siècle, l'écrivain américain Joel Chandler Harris écrivit des contes ayant pour personnages Frère Lapin, Frère Renard et d'autres animaux. Mais il ne les a pas totalement inventés. Beaucoup de ses histoires s'inspirent d'anciennes légendes africaines et cherokee.

Maquette : Caroline Spatz
Directrice de la collection : Lesley Sims
Maquette de la collection : Russell Punter
Manipulation numérique : John Russell